io | imprensasocial



Esta publicação foi possível graças a um programa de ação social da

imprensaoficial

# Pela Lente do Amor

Fotografias e desenhos de mães e filhos

GOVERNO DO ESTADO DE
SÃO PAULO
RESPEITO PELAS PESSOAS

| | |
|---|---|
| *Governador* | Geraldo Alckmin |
| *Secretário Chefe da Casa Civil* | Arnaldo Madeira |

imprensaoficial

IMPRENSA OFICIAL DO ESTADO DE SÃO PAULO

| | |
|---|---|
| *Diretor-presidente* | Hubert Alquéres |
| *Diretor Vice-presidente* | Luiz Carlos Frigerio |
| *Diretor Industrial* | Teiji Tomioka |
| *Diretor Financeiro e Administrativo* | Flávio Capello |
| *Núcleo de Projetos Institucionais* | Emerson Bento Pereira |
| *Projetos Editoriais* | Vera Lucia Wey |

Foi feito o depósito legal na Biblioteca Nacional
(Lei nº 1825, de 20/12/1907).

Dados Internacionais de Catalogação na Publicação (CIP)
(Câmara Brasileira do Livro, SP, Brasil)

Signorini, Carlos
Pela lente do amor / fotografias de Carlos Signorini. -- São Paulo : Imprensa Oficial do Estado de São Paulo ; Sorocaba, SP : Associação Lua Nova, 2004.

ISBN 85-7060-203-0 (Imprensa Oficial do Estado de São Paulo)

1. Mães e filhos - Fotografias 2. Desenhos infantis I. Título.

04-0949 CDD-779.2

Índices para catálogo sistemático:

1. Fotografias : Mães e filhos 779.2
2. Mães e filhos : Fotografias 779.2

Imprensa Oficial do Estado de São Paulo
Rua da Mooca, 1.921- Mooca
03103-902 - São Paulo - SP
Tel.:(11) 6099-9800
Fax: (11) 6099-9674
www.imprensaoficial.com.br
e-mail: livros@imprensaoficial.com.br
SAC 0800 123 401

Associação Lua Nova
Rua José Batista Martins, 170
18190-000 - Araçoiaba da Serra - SP
Tels: (15) 281-1937 e (15) 3281-5252
Rua Manoel José da Fonseca, 202
18035-070 - Sorocaba - SP
Tel: (15) 234-5976

Pontos de Venda de Produtos Lua Nova
1. Sorocaba Shopping Center - Av Afonso Vergueiro sn
2. Rua Salvador Corrêa, 547 - Jd. Vergueiro - Sorocaba - SP
Tel: (15) 231-087
www.luanova.org.br
e-mail: luanova@luanova.org.br

# Pela Lente do Amor

Fotografias e desenhos de mães e filhos

*Coordenação: Carlo Signorini*

associação Lua Nova

imprensaoficial

São Paulo, 2004

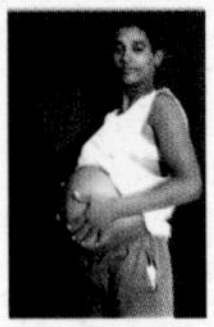
Ana Lúcia

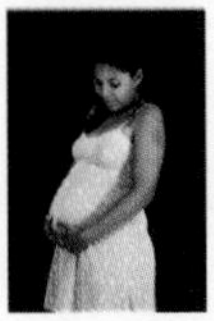
Cássia

Alessandra

Taís

Pâmela e Eucilene

Márcia e Mikaell

Jeane

Beatriz

Cleiton

Taís
Ana Lúcia
Cassia

Cirlene

Gabriel

Carlo capturou a beleza de
ser plena dessas pessoas
onde elas podem ser mães
e eles podem ser filhos.

*Raquel Barros*

*Carlo ha catturato in queste donne e in queste bambini la bellezza e la ricchezza che danno loro la possibilitá di essere madri e figli.*

Raquel Barros

associação

Lua Nova

Quando saí da Itália para vir ao Brasil não sabia quase nada sobre a Lua Nova. Havia conseguido descobrir qualquer coisa através dos responsáveis de Villa Renata: *"... trata-se de uma ONG que se ocupa de mães e filhos em risco social; seria interessante para nós uma reportagem fotográfica e um relatório sobre aquela realidade....".* E assim parti. A idéia que havia feito não era realmente das melhores; pensava em miséria e desespero, desolação, depressão e uma imensa tristeza. Estava tenso e o encontro/desencontro com aquele novo mundo me dava medo: me perguntava como seria me relacionar com pessoas com um passado tão difícil, marcado pelo abuso de drogas, pela pobreza, pela prostituição e por abuso sexual. Somava-se a tudo isso o fato de ter que enfrentar uma viagem de 12 horas sem a possibilidade de fumar...

A realidade que encontrei aqui se mostrou muito diversa daquela que havia imaginado. Encontrei sorrisos e serenidade, olhos curiosos e sedentos por conhecimento, vontade de viver e de conquistar aquilo que a vida lhes havia negado. E tanta vontade de falar de si mesmas, de contar as terríveis histórias que as trouxeram aqui, mas sem auto-piedade, sem lamentarem-se (uma delas, vendo a minha reação à sua história me disse: "quem vive no passado já está morto..."), mas aceitando sua própria experiência como uma fase ultrapassada da sua própria vida.

Dessa vontade de se "recontarem" nasceu a idéia de um curso de fotografia, depois a idéia de uma exposição, e ainda a idéia de um livro que resumisse toda esta experiência. Eis o que mais me tocou na Lua Nova: a coragem! Coragem de enfrentar problemáticas sociais muito difíceis em um país onde o terceiro setor está ainda no começo de sua estrada; a coragem de lutar a cada dia pela sobrevivência dessa experiência, enfrentando a falta de verba, o preconceito, as dificuldades, mas, sobretudo a coragem de realizar as idéias.

Com minha experiência de fotógrafo amador busquei dar noções técnicas básicas sobre a máquina fotográfica mecânica (manual) deixando depois à elas a possibilidade de expressar, fotografar e posar. No início a timidez, a vergonha, o confrontar-se com a própria imagem não foi tarefa nada fácil, mas depois, aos pouquinhos estas mesmas garotas (seria muito bom colocar o nome de todas, mas são tantas...) adquiriram segurança - algumas atrás da câmara, outras na frente - e conseguiram, de maneira criativa apreender, recortar momentos de sua realidade, de sua maternidade; conseguiram "capturar" a felicidade, o assombro, sorrisos e choros de seus próprios filhos. De toda esta experiência nasceu o livro; não foi nada fácil, e até bastante difícil, conseguir selecionar as fotos a serem inseridas no livro (eram todas tão belas, e cada uma com sua história!), mas ao final consegui com a ajuda daqueles que fazem parte da alma da Lua Nova.

Com a venda deste livro pretende-se possibilitar outras experiências similares que permitam às garotas da Lua Nova e seus filhos expressarem-se de novas e criativas maneiras.

Quanto à mim, esta experiência me deu muito; talvez até tenha mesmo me transformado (sei que parece uma frase feita, um dizer circunstancial, mas não é assim). Aliás, talvez, tenha ganhado muito mais do que elas: descobri que "dar" não é difícil como se pensa, e dá muita satisfação...

Carlo Signorini

Quando ho lasciato l'Italia per il Brasile non sapevo quasi nulla di Lua Nova. Qualche informazione l'avevo carpita dai responsabili di Villa Renata: "... si tratta di una ONG che si occupa di madri e figli con problemi di disagio sociale. Ci servirebbe un reportage fotografico e una relazione su quella realtà...". E così sono partito. L'idea che mi ero fatto non era delle migliori; pensavo a miseria e disperazione, desolazione, depressione e tristezza infinita. Ero teso e l'incontro/scontro con quel nuovo -per me- mondo mi faceva paura: mi chiedevo come sarebbe stato relazionarsi con persone da un passato così difficile, segnato dall'abuso di droghe, dalla povertà, dalla prostituzione e dagli abusi sessuali. A tutto questo si aggiungeva il fatto di dover affrontare un viaggio di 12 ore senza fumare...

La realtà che ho trovato è ben diversa da come me l'ero immaginata. Ho trovato sorrisi e serenità, occhi curiosi e assetati di conoscenza, voglia di vivere e di conquistare ciò che la vita aveva negato loro. E tanta voglia di raccontarsi, di raccontare quelle terribili esperienze attraverso le quali sono giunte qui, senza piangersi addosso (una delle ragazze, vedendo la mia reazione al suo racconto, mi ha detto "...chi vive nel passato è già morto...") ma accettando il proprio vissuto come una fase passata della propria vita.

Da questa voglia di raccontarsi è nata l'idea di un corso di fotografia, e poi l'idea di un'esposizione, e ancora l'idea di un libro che riassumesse quest'esperienza. Ecco, quello che mi ha stupito di più di Lua Nova è il coraggio: il coraggio di affrontare problematiche sociali così difficili in un paese dove il terzo settore è appena agli inizi, il coraggio di lottare ogni giorno per la sopravvivenza di questa realtà, affrontando la mancanza di fondi, i pregiudizi, le difficoltà, ma soprattutto il coraggio di realizzare le idee.

Con la mia esperienza amatoriale di fotografo ho cercato di dare delle nozioni tecniche di base su quello che è una macchina fotografica meccanica/manuale lasciando poi a loro la possibilità di esprimersi, di fotografare e di posare. All'inizio la timidezza, la vergogna, il confrontarsi con la propria immagine hanno reso la cosa abbastanza difficile, ma poi, piano piano, queste ragazze (sarebbe bello mettere il nome di tutte, ma sono tante) hanno acquistato sicurezza, chi dietro e chi davanti all'obiettivo, e sono riuscite in modo creativo a ritagliare attimi della loro realtà, del loro essere madri, a catturare la felicità, lo stupore del proprio bambino, sorrisi o pianti dei loro figli. Da tutto questo è nato un libro; è stato difficile, e non avrei voluto, scegliere le foto da inserirvi: erano tutte così belle e tutte avevano una loro storia. Ma alla fine ce l'ho fatta con l'aiuto delle persone che fanno sì che Lua Nova esista.

Il ricavato della vendita di questo libro darà la possibilità alle ragazze di Lua Nova e ai loro figli di poter fare nuove esperienze simili che permettano loro di esprimersi in modo nuovo e creativo.

E in quanto a me, quest'esperienza mi ha dato molto, forse mi ha anche cambiato (lo so sembra una frase fatta, un detto di circostanza, ma non è così). Anzi, forse, ne ho guadagnato di più io che loro: ho scoperto che "dare" non è poi così difficile, ma dà molta soddisfazione...

Carlo Signorini

Hoje eu sei que eu preciso de carinho. A gente precisa de carinho na vida da gente. A minha filha eu encho ela de beijos e abraços. Às vezes dá até vontade de morder, mas tenho medo de machucar. Eu quero dar para ela tudo o que eu não tive: carinho, uma mãe, comida, uma casa. (...) Eu preciso que alguém cuide de mim. Só tenho 16 anos. Eu quero ter mais filhos. Eu vou esperar ela crescer, a gente montar nosso canto, eu arrumar um emprego e aí eu pretendo ter mais filhos. Eu nunca quis ter filho. Quando me perguntavam eu dizia: "Eu ter filho? Estou fora!". Agora olho para ela e a acho tão linda. Eu sim vou ser avó dos filhos de minha filha. Eu quero muitos netos. Para minha filha quero um mundo de alegria, felicidade, sem aflição, sem fome, com cores. Eu não achava que podia construir algo. Estou construindo minha família. Também aprendi a ter força de vontade, a lutar e a ter vontade de viver ... viver muito.

(Residente da Lua Nova)

*Oggi so che ho bisogno di essere accudita. Abbiamo bisogno dell'amore nelle nostre vite. Riempio mia figlia di baci ed abbracci. A volte mi verrebbe anche voglia di morderla, ma ho paura di farle male. Voglio darle tutto quello che io non ho avuto: cura, amore, una madre, cibo, una casa.(...) Ho bisogno di qualcuno che si prenda cura di me. Ho soltanto 16 anni. Voglio avere altri bambini. Aspetterò fino a quando sarò più grande, finché avremo una sistemazione; trovo lavoro e poi intendo avere più bambini. Non ho voluto mai avere bambini. Una volta, quando la gente me lo chiedeva, io dicevo "Io, bambini? Mai!" Ora la guardo e penso che è così bello! Sì, sarò nonna dei bambini di mia figlia. Voglio tanti nipoti. Per mia figlia voglio un mondo pieno di gioia, felicità, senza timore, senza fame, coi colori. Non pensavo che avrei potuto costruire qualcosa. Sto costruendo la mia famiglia. Inoltre ho imparato anche ad avere forza di volontà, a combattere e avere voglia di vivere... vivere tanto.*

*(Utente di Lua Nova)*

# Pela Lente do Amor

Fotografias e desenhos de mães e filhos

*Coordenação: Carlo Signorini*

"A água de um rio adapta-se ao caminho que é possível, sem esquecer do seu objetivo: o mar. Frágil em sua nascente, aos poucos vai ganhando a força dos outros rios que encontra".

**Paulo Coelho**
*"Manual do Guerreiro da Luz"*

*"L'acqua di un fiume si adatta al cammino che le é possibile, senza dimenticare il suo obiettivo: il mare. Fragile nel nascere, a poco a poco va guadagnando forza dagli altri fiumi che incontra."*

# Ana Lúcia

*A mãe de Jonathan está esperando seu segundo filho.*

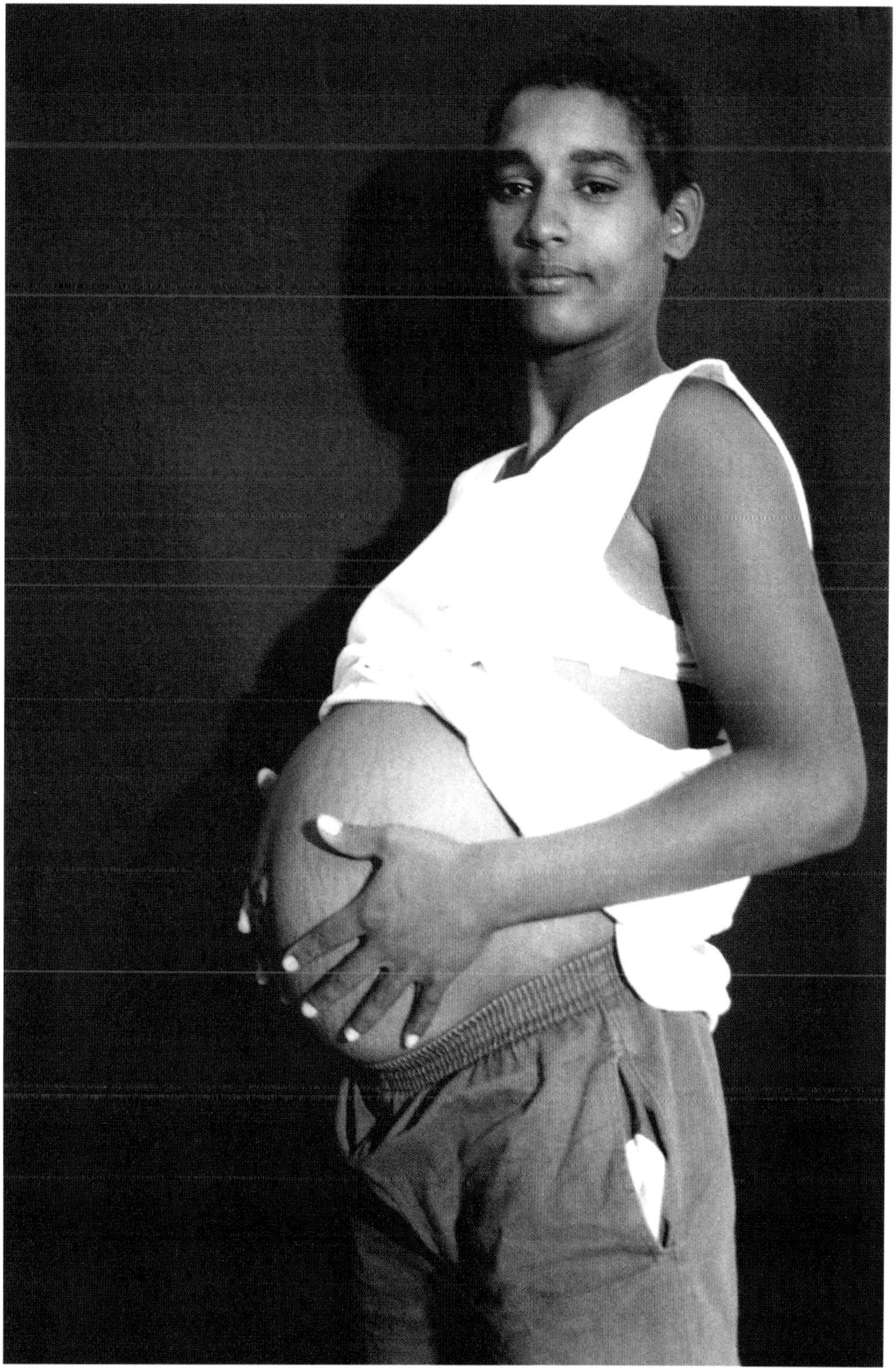

# Cássia

*Está esperando seu terceiro filho.*

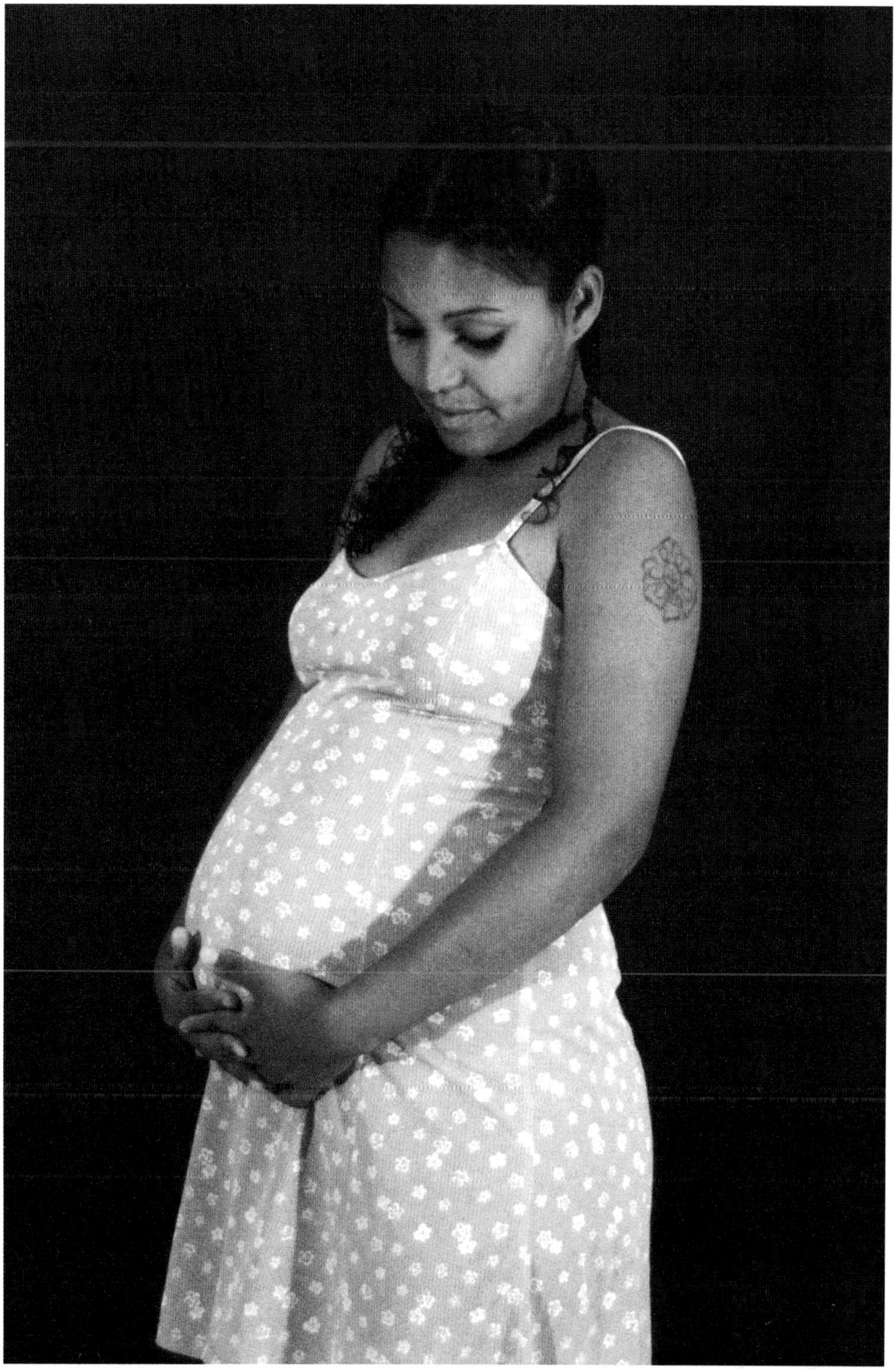

"Este livro foi escrito por uma mulher que no
tarde da Vida recria e poetiza sua própria Vida"

**Cora Coralina,** *Ressalv*

*"Questo libro é stato scritto per una donna che ne
pomeriggio della Vita ricrei e poetizzi la sua propria Vita"*

# Alessandra

*Com Wesley, um de seus cinco filhos*

"Há vários motivos para não amarmos uma pessoa.
E só um para amá-la: este prevalece."

**Carlos Drummond de Andrade**

*"Si hanno diversi motivi per non amare una persona.
E uno solo per amarla: questo prevale."*

# Taís

*Com Marcos Vinícius*

Pâmela

Eucilene

'Vamos agora brincar...
Que brinquedo, meu menino?
O mar, o céu, esta rua?
já te dei o meu destino,
Posso bem dar-te a Lua".

*"Dai, andiamo a giocare...*
*Che gioco, bambino mio?*
*Il mare, il cielo, questa strada?*
*Già ti ho dato il mio destino,*
*Posso ben darti la luna."*

**Fernanda de Castro**
*Poema da Maternidade*

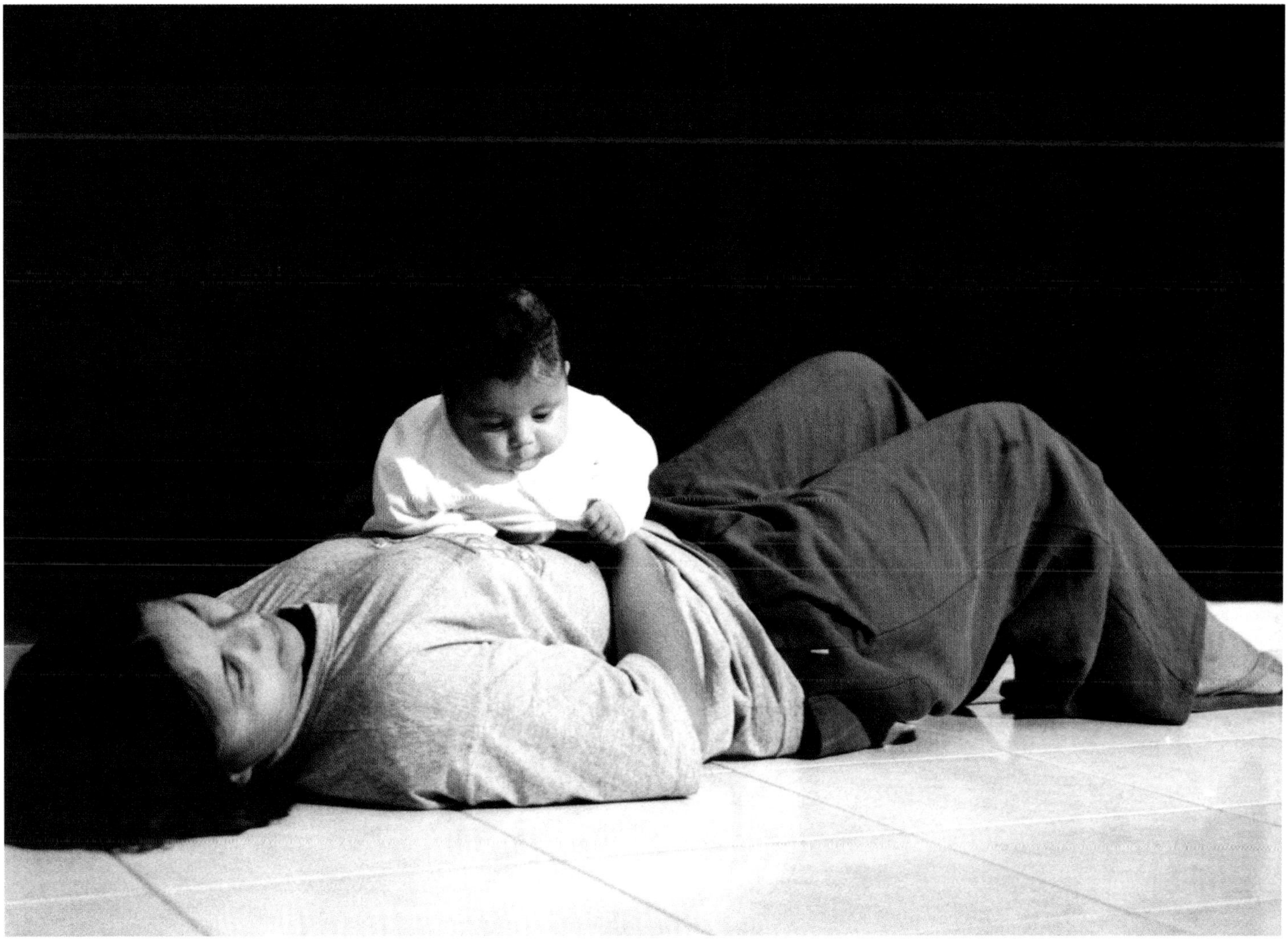

Márcia e Mikaell

Em que minha mãe se reconheça
Todas as mães se reconheçam
E que fale como dois olhos"

*Nella quale mia mamma si riconosca*
*Tutte le mamme si riconoscano*
*E che parli come due occhi"*

**Carlos Drummond de Andrade**
*Canção Amiga*

# Jeane

*E sua filha Taynara*

"Chorar é arriscar-se a parecer sentimental. Claro que sou sentimental. Adoro isso! As lágrimas podem ajudar."

*"Piangere é mettersi a rischio di sembrare sentimentali. Chiaro che sono sentimentale. Amo esserlo! Le lacrime possono aiutare."*

**Leo F. Buscaglia**
*Vivendo, Amando e Aprendendo*

# Beatriz

*Filha de Ana Carolina*

"As melhores e mais belas coisas do mundo não podem ser vistas e nem sequer tocadas. Devem ser sentidas com o coração."

**Helen Keller**

*"Le cose migliori e piú belle del mondo non possono essere viste ne toccate. Si devono sentire con il cuore."*

# Cleiton

*Filho de Eucilene*

"Desejo uma fotografia
como esta - o senhor vê? - como esta:
em que para sempre me ria

**Cecília Meireles**
*Encomenda*

*"Voglio una fotografia*
*come questa – la vede?- come questa:*
*che sempre mi rida*

Taís Ana Lúcia Cássia

“E corremos juntos, passeamos, brincamos,
E tu me acariciaste...
Então esqueci toda maldade humana,
As descrenças em mim depositadas,
As portas que se fecharam,
Os carinhos que não tive, o amor que me faltava.”

*“E corriamo, passeggiamo, giochiamo,*
*E tu mi hai accarezzato...*
*Cosí ho dimenticato la malvagitá umana,*
*La sfiducia riposta in me,*
*Le porte che si chiudevano*
*Le carezze che non ho avuto, l’amore che mi mancava”*

**autor desconhecido**

# Cirlene

*Com três de suas quatro filhas: Jéssica, Stephanie e Geovana.*

"O menino quer um burrinho
que saiba inventar histórias bonitas
com pessoas e bichos
e com barquinhos no mar.

E os dois sairão pelo mundo
que é como um jardim
apenas mais largo
e talvez mais comprido
e que não tenha fim".

*"Il bambino vuole un asinello*
*che sappia inventare belle storie*
*con persone e animali*
*e con barchette nel mare.*

*E i due uscirono per il mondo*
*che é come un giardino*
*appena un po' piú largo*
*e forse un po' piú lungo*
*e che non abbia fine"*

**Cecília Meireles**
*O menino azul*

# Gabriel

*Um dos três filhos de Iraci.*

# PARTE II

# Metodologia

*estudo de caso*

*e*

*apresentação*

associação

Lua Nova

# A Vida de Marina

## Metodologia Lua Nova aplicada

Nasci em Jeremoabo, na Bahia, no dia 5 de dezembro de 1980, mas só fiquei dois dias na cidade com minha mãe, Malvina, que queria me dar a qualquer um que quisesse. Sabendo disso, minha avó, a quem chamei de mãe a vida toda, e minha tia Berenice foram me buscar. Fiquei morando com as duas em Pernambuco, numa casa bem humilde. Meu pai era pedreiro e pescador e morava na mesma cidade, mas nunca convivemos. Quando eu tinha três anos, Malvina reapareceu para me conhecer, mas não ficou na cidade. Não voltei a vê-la durante muito tempo. Fiz o primário na Escola Maria Cavalcante, onde era uma boa aluna, depois estudei na Escola Delmiro Gouveia até a oitava série. Cursei o ginásio com habilitação para o magistério na Escola Jatobá, mas não concluí o curso por causa das drogas.

A tia Berenice espancava a mim e aos meus irmãos sempre, às vezes sem motivo, ou por motivo bobo como, por exemplo, quando atrasávamos alguns minutos na volta da escola. Certa vez, ela chegou a rasgar minha roupa em frente à escola, o que me levou, aos 9 anos de idade, a procurar pela primeira vez Malvina, que estava morando em Petrolândia, casada e com 4 filhos. Contei a Malvina o que Berenice havia feito, mostrei a roupa rasgada, chorando. Ela me deixou passar o dia em sua casa junto com o meu irmão Marcos, que sempre me protegia da tia. O marido, que era alcoólatra, começou a discutir com Malvina por causa de mim e de meu irmão e ouvi quando disse a ela que deveria escolher entre ele e nós. Ouvi também quando ela disse que preferia ficar com ele. Chorei e Malvina veio dizer que a gente devia ficar na casa da avó, que lá era melhor. Então, eu e meu irmão voltamos sozinhos para casa. Quando chegamos, Berenice disse que éramos tão ruins que nem nossa própria mãe queria ficar com a gente. Sem ter para onde ir, ficamos por lá mesmo. Passados alguns dias, minha irmã mais velha, Márcia, sugeriu que fugíssemos, pois minha avó passava a maior parte do ano em São Paulo, para tratar um problema no olho, e naquele momento não se encontrava em Petrolândia. Porém, fiquei com medo e respondi a minha irmã que não iria com ela, porque não sabia para onde iríamos. Então, Marcos decidiu ficar comigo para me proteger dos maus tratos da Berenice. Assim, Márcia seguiu seus planos sozinha e desde então nunca mais a encontrei, apenas tive notícias de que foi para Recife e depois São Paulo.

Na escola, eu só chorava. A professora me perguntava o por quê, mas eu não respondia, guardava tudo comigo.Um dia, quando tentava me defender da Berenice, Marcos foi jogado contra a parede, o que lhe causou um ferimento na cabeça. Assustada, bati em Berenice com um pedaço de pau, ela ficou furiosa e me bateu mais ainda. Chamei então o vizinho, que levou Marcos para o hospital. Malvina chegou a saber do que aconteceu, mas não fez nada. Somente a avó, que era deficiente física, e a tia Aliete, que morava na mesma cidade, defendiam a gente de Berenice, chegando a agredi-la para nos defender.

Quando Malvina teve o quinto filho, pediu que eu ficasse com ela para ajudá-la nos trabalhos domésticos. Nessa época, eu já não queria ficar com ela, porque não gostava da casa nem dela e me sentia muito mal por ser tratada como empregada, e não como filha. Malvina era manicure. Eu cuidava das quatro crianças da casa. Em um Dia da Criança, Malvina saiu e voltou com presentes para todos os filhos, menos para mim. Terminei o serviço, esperando receber meu primeiro presente, fui até Malvina, que estava fazendo as unhas de uma mulher, e disse que tinha terminado e que iria embora. Curiosa, a mulher perguntou de quem eu era filha. Sem hesitar, Malvina respondeu que eu era filha de uma conhecida. Magoada, fui embora e nunca mais a procurei. Mesmo quando ela aparecia em casa, eu me negava a tomar a bênção dela, contrariando a avó, que queria muito que eu falasse com ela.

Nunca tive uma bonequinha para brincar, nem festa de aniversário, nem Dia da Criança nem Natal. Sempre pensava e esperava que Malvina fosse aparecer numa dessas ocasiões, mas ela nunca apareceu. Quando eu tinha dez anos, Berenice me bateu pela última vez. Procurei minhas amigas Eliana e Katia, mas a mãe delas, a Gilda, estava estranha e disse que eu não deveria mais brincar com as meninas porque eu, segundo Berenice, não era mais virgem, o que prova que ela nunca gostou mesmo de mim. Aos 11 anos, comecei a namorar João, primeiro e único namorado de verdade. Apresentei ele à família. Meu irmão Marcos, muito ciumento, era contra o namoro.

Berenice casou-se com André e foi embora, ficamos na casa apenas Marcos, a avó e eu. Em uma das ocasiões em que a avó foi para São Paulo, me deixou sozinha com Marcos e ele abusou de mim. Fiquei calada durante um ano, sob ameaças. Então, nossa convivência em casa tornou-se ruim e com muitas brigas. Comecei a beber e conheci Lurdes, uma prima distante que era dona de uma "boca de droga". Comecei usando maconha e logo usei cocaína cheirada e depois o baque. Fiz isso até os 19 anos. Nesse meio tempo, me prostituí, assaltei e participei do tráfico, tudo longe dos olhos da minha família, que sempre me achou quieta e esquisitona e, mesmo sob alerta de outras pessoas, não acreditava que eu levasse essa vida. Passei a demonstrar pouco interesse pelos estudos e faltando cada vez mais às aulas.

Comecei no tráfico aos 14 anos, passando droga dentro da escola, até que a diretora Íris me perguntou o que estava acontecendo e se era eu quem estava vendendo drogas na escola. Neguei.

Um dia, disse à avó que estava indo ao Recife com amigos. A minha avó nunca me disse um não. Às vezes, eu queria que ela me dissesse não, mas era sempre sim, sim, sim. Fomos levar armas e drogas ao Recife, minha amiga Ana (já falecida) e eu. Numa das entregas, em uma boate, eu não entreguei a quantidade certa da droga. Usei uma parte e quando voltei ao condomínio onde estávamos hospedados, fui espancada pelos traficantes. Chorei e disse à amiga Ana que um dia eu iria sair do tráfico. Minha amiga disse que isso nunca aconteceria, porque estávamos numa "barra pesada". Cheguei a contar à avó que eu estava usando drogas, mas ela nunca acreditou, por eu sempre estar brincando.

Meu pai soube que eu não estava indo à escola e foi conversar com a minha avó, que me chamou e perguntou se isso era verdade e se eu estava indo ao morro . Disse que ia lá para beber, fumar e namorar. Então minha avó começou a chorar, já que seu sonho era me ver formada. Minha família nunca perguntou porque eu fazia isso. Em 1997, Ana foi assassinada. Senti muita falta dela e procurei ajuda para sair das drogas. Dois anos depois, conheci uma freira. Foi num dia em que estava sozinha em casa. Era uma quinta-feira santa e um jovem me fez um convite para ir à igreja . Fui drogada até lá e conheci a irmã Simone. Não tinha forças para parar de usar drogas. Mônica, uma colega de sala, me convidou para ir à missa. Revi a freira e conversamos.

Um dia, procurei irmã Simone e contei que queria parar de usar drogas, mas não conseguia. Então, ela propôs uma clínica de recuperarão por dois meses. Aceitei, mas na data prevista para ir à clinica, continuava usando drogas e traficando. Sempre era procurada pela irmã Simone, mas não conseguia ficar sem a droga. Um dia, saí com um traficante para poder me drogar. Passados alguns dias, procurei a freira e pedi dinheiro. Ela não deu, porque sabia que era para comprar drogas. Roubei uma tia minha. Comecei a usar esporadicamente, então a irmã veio conversar novamente comigo e me perguntou se eu realmente queria ajuda. Respondi que sim e fui para Salvador com ela, para visitar uma clínica. Marquei minha ida para a clínica particular, que foi paga pelas feiras. Como precisava comunicar minha decisão a meus pais, marquei um encontro com eles na casa das freiras. Meu pai nunca estava por perto, mas demonstrava preocupação comigo. Alegando não ter tempo, Malvina não foi ao encontro. Contei tudo ao meu pai e pedi ajuda para ir à clínica. Ele simplesmente se levantou da cadeira e foi embora. Nunca mais o vi. Não me deu nem um tchau.

Fui à clínica com a irmã e fiquei lá por três meses, que foram muito difíceis. Recebi uma ligação de irmã Simone, dizendo que os traficantes haviam descoberto através de Malvina o endereço da clinica e queriam invadi-la. O coordenador Barbosa me levou para outra cidade, para sua própria casa. A irmã Simone conseguiu uma passagem para São Paulo, onde passei alguns dias na casa dos seus irmãos, enquanto negociava com meu tio João, irmão de Malvina, a minha estada por lá. Por fim, passei sete meses na casa dele em Diadema, longe das drogas. Conheci Pedro, pai de João Paulo, meu filho. Pedro era sócio do meu tio em uma empresa de máquinas escavadeiras e trabalhava na prefeitura de Diadema. Engravidei.

Quando descobri que estava grávida, não acreditei, pois aquilo não podia ter acontecido comigo. Fiquei desesperada e com muito medo. Então, resolvi procurar Pedro , o pai do meu filho, conversamos e ele não acreditou que o filho era dele. Eu chorei muito, sem saber o que fazer, pois além de tudo ele era casado e era um grande amigo do meu tio. Pensei em várias coisas , uma delas é que não queria aquele filho. Chorei muito, realmente não sabia o que fazer e minha tia já estava desconfiada, pois comecei a ter enjôos. Ela me perguntou e eu comecei a rir, pois estava nervosa, mas não consegui mentir, caí em prantos e falei que sim. Perguntou-me quem era o pai . Fiquei com medo e falei que não sabia. Menti. Não quis criar confusão. Meu tio descobriu e me mandou de volta para Pernambuco. Naquele momento, pensei na minha infância sem carinho, uma infância de rejeição. Depois de algum tempo, parei e pensei:

"Sou forte , já enfrentei muitas barras, vou ter meu filho e vou dar a ele todo o carinho que eu nunca recebi da minha mãe". Voltei para o Nordeste e minha avó me recebeu bem, mas minha tia e Malvina me condenaram. O que mais me doeu foi quando a maldita Malvina olhou para mim, disse "Além de traficante e drogada, ainda é mãe solteira" e saiu rindo.

Foi muito difícil levar a gravidez. Os traficantes me perseguiram e me torturaram. Quando estava no terceiro mês, fui violentada pelos traficantes. Minha família nunca fez nada. Fui internada porque entrei numa gravidez de risco. Poderia perder o João Paulo ou tê-lo prematuramente. Pensei em sair de Petrolândia, mas o médico me aconselhou a ficar até ter o bebê. Dei à luz em Petrolândia. João Paulo nasceu no dia 9 de novembro de 2001. Foram dois meses de tranqüilidade, pois evitei sair muito de casa. Ele era lindo, carequinha, nasceu com 3,3 kg, 56cm e muito saudável. Quando peguei meu filho pela primeira vez, eu fixei meu olhar nele e não falei nada, apenas pensei: "E agora, o que é que vai acontecer? ". Eu não iria deixar que nada acontecesse. Com o nascimento do meu filho, eu me senti mais fortalecida para lutar contra os traficantes e para não voltar mais ao uso de drogas. Ele precisava de mim.

Três meses depois, os traficantes voltaram, me perseguiram e me torturaram. Pensei por muitas vezes em voltar ao tráfico, pois não agüentava mais as torturas. Me queimavam com cigarro, me batiam, me violentavam, me cortavam. Sempre me largavam em outra cidade. Riam de mim, depois me espancavam. Quando perguntava porque não me matavam logo, eles não respondiam. Desejei muitas vezes me suicidar e tirar a vida do meu filho, afinal eu não tinha uma família de verdade. Dentro de casa, havia sempre brigas com meu irmão e fora, a perseguição dos traficantes. A única saída seria a Fazenda Natal, em Salvador, um local que abrigava pessoas com problemas, mas eles não puderam me acolher. Fiquei desesperada, já não saía mais de casa, estava presa e com medo de que os traficantes fizessem algo contra meu filho ou contra as irmãs que me ajudavam tanto. E fizeram contra mim. Me violentaram na frente do meu filho. Fui então passar alguns dias na casa das irmãs.

No dia 29 de abril, as irmãs conseguiram através de Raimundo Nonato, um seminarista, acolhimento no Centro de Formação Missionária (CFM). Lá, passei quatro meses juntamente com meu filho. Foi uma fase temporária até encontrar, com a ajuda das irmãs, um lugar mais adequado para vivermos. Assim, encontramos a Lua Nova através da irmã Jane. Ela me ligou e disse que eu deveria ligar para a Lua Nova ainda naquela noite e falar com Raquel Barros. Então, liguei às 8:00 para Raquel, que fez algumas perguntas sobre minha vida e meus objetivos e pretensões [1]. Contei a ela a minha vontade naquele momento, que era a de mudar de vida, largar as drogas e cuidar do meu filho longe de Petrolândia. Marcamos então uma provável data para minha ida para a Lua Nova, que seria na terceira semana de agosto, e combinamos acertar os detalhes em outra ligação. Conversei com a irmã Jane sobre como iria para São Paulo (Araçoiaba). Comuniquei a decisão à minha família, que não a questionou e se recusou a ajudar na compra da passagem.

**1 Recebimento dos encaminhamentos e triagem -** *A triagem, para verificar a adequação ou não da menina aos objetivos da Lua Nova, permite uma previsão para o ingresso da mesma no programa. São feitos o cadastro, o prontuário do caso e a avaliação de recursos familiares e sociais. Desse processo, participam um educador, uma psicóloga e uma assistente social.*

Confesso que fiquei com muito medo e muito insegura, pois estava saindo de minha terra natal, apenas com meu filho, para morar num lugar distante. Embora soubesse que era uma comunidade para mães e filhos, o medo predominava. Não podia imaginar o que isso significava realmente. A vontade de sair daquela vida e de cuidar do meu filho era tanta, que decidi ir. Fiquei feliz quando a irmã Simone disse que eu viajaria de avião. Retornei a ligação para Raquel e falei que chegaria no dia 20 de agosto às 12:00, .no aeroporto de Guarulhos. Combinamos que para reconhecê-la, ela estaria vestindo uma camiseta com o símbolo da Lua Nova. No momento em que o avião decolou, prometi a mim mesma que jamais voltaria a Petrolândia. Ao chegar a Guarulhos, fiquei decepcionada, pois não encontrei ninguém com a camiseta da Lua Nova. Mas, no meio das pessoas havia alguém acenando que se aproximou e perguntou se eu era Mirtes. Aliviada, respondi que sim. Era a Raquel. Passei o dia com ela e com a assistente social Rosângela, em São Paulo. À noite, fomos para a Lua Nova. Fiquei impressionada com o barulho de crianças [2] e com a quantidade de pessoas que lá viviam. Fui recebida pelo educador André, mas depois Solange se tornou minha educadora de referência [3].André me informou naquele dia sobre todas as regras da comunidade [4]. Fiquei muito incomodada, pois toda a minha vida fora isenta de regras e, agora, eu me deparava com diversas regras, sendo difícil a minha adaptação.

Logo que cheguei à Lua Nova eu pensei que o educador fosse um policial que ficasse distante, apenas controlando. Mas não demorou muito e eu percebi que os educadores eram amigos, irmãos a quem muitas vezes eu procurava para colo, ombro e conselhos. Todas as vezes em que procurei, encontrei.

No dia seguinte, conheci a casa, que tinha suas tarefas divididas entre as residentes, que eram limpar e cozinhar [5]. A mim, coube a limpeza da varanda e do refeitório. Assim, fui conhecendo as meninas e fazendo amizades. Demorei para me

*__2. Acolhimento__ - Todos os educadores estão preparados para desempenhar essa função, pois no momento em que a residente chega à Lua Nova, tem início o processo de acolhimento. Além disso, as residentes acompanham, em conjunto com o educador, o processo de acolhimento, que se prolonga por toda a estadia na Lua Nova, assumindo diferentes formas.*

*__3. O educador de referência__ da residente é escolhido antes da chegada da mesma e assim prepara o quarto em que ficará e se encarregará do primeiro contato com ela, explicando-lhe o funcionamento e as regras da Lua Nova. Com isso, espera-se estabelecer uma relação mais próxima entre o educador de referência e a residente. O educador de referência acompanha todo o "projeto de vida", juntamente com a residente.*

*__4. O momento de comunicar as regras__ é parte do processo acolhimento. A maneira como elas são comunicadas influenciará a adesão ou não da residente a elas. Por isso, participam desse momento o educador e uma residente da comissão de acolhimento, para que se crie um clima mais descontraído, de forma que a residente esclareça possíveis dúvidas, fazendo com que essa etapa não se restrinja à leitura das regras. Para saber se a residente compreendeu o funcionamento geral da instituição, pergunta-se então sobre suas dúvidas e sobre as dificuldades que acha que encontrará. O momento de transmissão das regras não se restringe a isso: acompanhar a residente durante o dia e relembrar os horários das atividades durante a rotina também são fundamentais. A forma como tudo isso é transmitido facilita o trabalho do educador e de toda a equipe, pois acelera o processo de adaptação da residente.*

*__5. Cabe às residentes__ a responsabilidade pela manutenção e pelas tarefas da casa. Essas atividades são divididas semanalmente com a atribuição de tarefas específicas ou por rodízio, de acordo com a capacidade e o potencial de cada residente.*

adaptar ao horário de despertar, que era 6:30. Levantávamos e fazíamos nossas tarefas para em seguida participar de um grupo com a psicóloga Flávia. Nesse grupo, falávamos sobre cuidados com o filho, educação, higiene, maternidade etc. [6].

Com a ajuda da equipe da Lua Nova, aprendi a demonstrar a João Paulo o carinho e a importância que ele tinha para mim. Eu não o rejeitava, mas não sabia dar carinho, dar amor a ele, não que eu não quisesse, mas não conseguia mesmo. Foi muito importante parar para pensar sobre meu filho, sobre a minha relação com ele, sobre o fato de ser mãe. Todo mundo, acho, pensa que ser mãe adolescente é quase um castigo, ou burrice. Descobri que na verdade para mim era bem diferente [7] . Quando ganhei o João, apesar das crises e dos medos e das mágoas, comecei a dar mais valor à vida, a querer uma vida melhor. No começo, só não queria que ele tivesse uma vida como a minha, mas depois vi que eu também não queria ter aquela vida e isso me deu mais força para tentar mudar. Meu filho foi um presente e não um castigo; um presente que pede que eu cresça a cada dia, que me faz caminhar para tentar ser uma pessoa melhor. A gravidez da adolescente, por mais difícil que seja, vale a pena. É muito gratificante ouvir seu filho dizer "Mamãe".

Algum tempo depois, mais adaptada à Lua Nova, iniciei atividades no Criando Arte [8]. No início, recebíamos um kit-prêmio pelo trabalho e depois de passada a fase de experiência, uma bolsa-auxílio. Comecei no setor de enchimento de bonecas, fiz centopéias e hoje trabalho no acabamento, colocando cabelo nas bonecas e fazendo bolsas de fuxico. Evoluí muito dentro da confecção, fui até secretária do Criando Arte. Essa experiência foi muito boa. Cheguei lá sem saber o que era trabalho [9]. No Criando Arte, decidimos tudo em conjunto, ou quase tudo, como por exemplo o preço dos produtos, quais os produtos que a gente vai produzir. E também estipulamos as metas; não só fazemos as coisas, mas decidimos juntos o que deve ser feito e como. Aliás, participamos da elaboração e do andamentos de

*6. **Foram eleitos os quatro eixos básicos** considerados fundamentais para o trabalho de reeducação e de estruturação de um projeto de vida para a população atendida pela Associação: CIDADANIA, MATERNIDADE, SEXUALIDADE, DROGAS. Dentro de cada eixo, são trabalhados quatro temas estruturantes : Respeito, Regras, Responsabilidade e Direitos e Deveres. Finalmente, o eixo CRIANÇA permeia todo o trabalho, uma vez que as crianças são os principais atores do novo projeto de vida de suas mães. Cada eixo é discutido semanalmente e os temas estruturantes são enfocados mensalmente dentro dos eixos. Portanto, diariamente realizam-se discussões semi-dirigidas sobre a temática escolhida. O grupo é coordenado por educadores, psicólogas e assistente social, com duração de aproximadamente 1 hora. Ao final de cada tema, realiza-se uma produção concreta, seja uma construção artística, cultural ou educativa, sob a forma de teatro, livro, maquetes etc.*

*7. **A Lua Nova busca valorizar a maternidade** e transformar a percepção da gravidez na adolescência de problema para possibilidade de superação da exclusão. A vivência de experiências que possibilitem a descoberta do filho e vice-versa contribui para a superação dos conflitos e rejeições ligados à gravidez e promovem a reconstrução do vínculo.*

*8. **A Oficina Criando Arte** nasceu como uma das veias da instituição Lua Nova, tendo caráter educativo e profissionalizante, objetivando a geração de renda e a reinserção social das jovens mães. Através desse projeto, a Lua Nova desenvolve os talentos e a capacidade das jovens. Todos os produtos são criados e confeccionados na própria oficina, graças às habilidades e à dedicação das jovens artesãs. O Criando Arte está começando a funcionar como uma incubadora de grupos de jovens mães empreendedoras, criando o seu próprio negócio e novas situações de vida.*

*9. **Após um teste vocacional** e um mês de experiência que envolve análise de comportamento, respeito mútuo, assiduidade, metas, desenvoltura, atenção, concentração e responsabilidade, as residentes passam a receber uma bolsa-auxílio para planejamento da vida futura.*

todas as atividades e decisões na Lua Nova. Ajudamos a administrá-la [10].

Além dessas atividades, eu tinha minha terapia semanal com um psicólogo [11]. Foi engraçado, pois eu não sabia o que era terapia nem psicólogo. A psicóloga Marina me explicou o que era tudo isso e para que servia. A terapia me ajudou a conviver melhor com o passado. Eu não conseguia dormir, logo que entrei na Lua Nova, pois ainda estava presa às más lembranças. Passei a confiar muito na Marina, me senti melhor e encontrei muitas respostas para perguntas que fiz a vida toda. A terapia me ajudou a pensar o que eu queria da minha vida e comecei a aprender a planejar um pouco meu futuro. Eu tinha que pensar numa nova vida, pois além de tudo estava longe de todos os que eu conhecia, num lugar novo [12].

Na Lua Nova, embora tenha passado dificuldades com a saudade de casa, encontrei amigos, carinho e atenção. Para mim, a comunidade se transformou na família que eu jamais tive [13]. Sabia que podia contar com os educadores, psicólogos e com a coordenadora Dora, a qual hoje eu chamo e mãe e considero como tal.

Eu costumo falar que a minha família é a Lua Nova, uma família que me recebeu de braços abertos, que me acolheu com todos os problemas que eu tinha. Uma família que eu não tive. Na Lua Nova, eu recebi carinho, broncas quando foi preciso, conselhos e amigos no momento de solidão. Um dos meus melhores momentos foi quando todos nos unimos e fomos com o André brincar de pega no campo de futebol. Naquele dia, como nunca, eu me senti uma criança. É importante a gente estabelecer uma relação com as pessoas, uma relação boa com as pessoas com as quais a gente convive, pois sozinho a gente nunca vai muito longe. Na Lua Nova, aprendi também isso: que a gente pode ter relações boas e de confiança e que ajudem a gente a melhorar, e não só relações que tiram da gente, que no fundo prejudicam a gente. Eu aprendi o que é ser mãe. Antes, a relação com o meu filho era muito difícil, pois eu tinha muitas dificuldades com ele, como falta de paciência, falta de carinho

***10. Um dos princípios fundamentais** do trabalho da Lua Nova é a participação ativa e o empoderamento das adolescentes em relação à instituição. Acreditamos que somente através do protagonismo e da gestão participativa institucional as adolescentes poderão exercitar a capacidade de fazer escolhas e tomar decisões que auxiliem no seu desenvolvimento pessoal e social, minimizando riscos e aumentando fatores de proteção para sua vida. Finalmente, queremos que com essa prática elas se tornem agentes transformadoras da própria vida.*

***11. Os atendimentos psicoterápicos** são realizados semanalmente ou quinzenalmente. O tempo de duração de cada sessão é de 40 minutos. Após os atendimentos, há um registro de conteúdos relevantes. Na tentativa de se oferecer um serviço de atendimento psicológico mais adequado, são realizadas algumas entrevistas prévias com a residente. Essas entrevistas permitem a elaboração de um programa terapêutico eficiente, que pode variar entre atendimentos em grupo e/ou individuais, conforme o resultado da avaliação.*

***12. O objetivo final** do trabalho é a conquista da autonomia. Por autonomia, entendemos a capacidade de decisão individual, resultante de uma análise que inclui uma reflexão sobre as potencialidades e os riscos de cada escolha, gerando-se assim uma maior responsabilidade pelas conseqüências das escolhas. Acreditamos ser a busca da autonomia um processo gradual que deve estar presente em todas as ações da instituição.*

***13. A principal intervenção a ser feita** é a busca do desenvolvimento do sentimento de "se pertencer", de "se apoderar", ou seja, a conquista da apropriação individual do grupo e da comunidade. Trata-se da transição entre a rede de sistemas locais (sociedade) e os indivíduos e desenvolve métodos de intervenção que procuram melhor adaptar a pessoa ao ambiente, planejando novos sistemas de integração e aumentando por essa via a oportunidade psicossocial do indivíduo*

e atenção. Percebi que estava sendo uma "Malvina" com ele. Foi duro isso, mas também me ajudou a perceber muitas coisas [14]. Logo, com ajuda dos psicólogos, educadores e do grupo Maternidade e Mãe e Filho, passei a dar mais atenção e até mesmo a brincar com meu filho. Eles me ajudaram a cuidar do meu filho e a aprender a cuidar dele. Com a ajuda da coordenadora, inscrevi meu filho na creche [15], para trabalhar no Criando Arte.

Existe na Lua Nova o projeto de Multiplicadores [16], do qual eu faço parte. Conheci um pouco sobre multiplicadores com a psicóloga Maria Ísis, que realizava um encontro com as residentes para falar sobre drogas, DSTs, AIDS, prevenção. Um dia fui convidada para participar de um mutirão de prevenção no bairro Novo Mundo. A partir disso, comecei a atuar como multiplicadora, participando do projeto como redutora de danos dentro da Lua Nova. Ser agente multiplicadora me ajudou muito, porque com a minha formação e com um pouco da minha história, eu estou ajudando outras pessoas a superar suas dificuldades.

O melhor que me aconteceu foi quando me convidaram para fazer uma palestra sobre o uso de drogas numa escola estadual. Senti que com o meu depoimento, muitos que me ouviam, de uma certa forma, foram ajudados. O que me aconteceu foi um pouco do que eu queria. Minha vontade era passar para os mais jovens que estavam na minha situação o que é realmente a droga, o que ela lhe tira. Agora, faço parte do grupo de teatro dos Multiplicadores. Lá, a gente conta a história de uma família que tem problemas com álcool, drogas e violência [17]. A história e os personagens somos nós que montamos, com nossas idéias e com a experiência de vida que tivemos. É bom sentir que nós é que estamos construindo. Os coordenadores só auxiliam a gente a entender coisas do teatro e depois a refletir sobre os personagens e sobre as histórias que criamos. Lá, a gente cresce, tanto os multiplicadores quanto os coordenadores, a gente troca mesmo e todo mundo sai ganhando.

O legal da Lua Nova é que além dos grupos, afazeres e trabalho, podíamos fazer cursos [18] fora

*14. **A importância da construção dos vínculos** entre educadores, residentes e crianças é a aprendizagem fundamental na experiência da Lua Nova e o seu desafio permanente e cotidiano. São os vínculos que estruturam os processos de desenvolvimento das pessoas e é possível o estabelecimento de dinâmicas e situações de aprendizagem, nas quais essas relações podem ser construídas.*

*15. **É responsabilidade do educador** acompanhar a escolarização da residente e de seus filhos, verificando as dificuldades e promovendo ações para ajudar a superá-las. O educador deverá se informar sobre o rendimento escolar da residente e de seus filhos, assim como se responsabilizar pela freqüência às aulas, provas e demais atividades escolares. Deverá também organizar os históricos e matrículas das residentes e de seus filhos.*

*16. **O projeto "mulheres multiplicadoras"**, uma parceria entre a Lua Nova e o Projeto de Redução de Danos de Sorocaba oferece a possibilidade às meninas atendidas na Associação de serem reinseridas na sociedade, assumindo um papel social de multiplicadoras de informações, além de atuarem como agentes de prevenção na comunidade.*

*17. **O teatro é uma atividade expressiva** que ajuda na capacidade de produzir mensagens e de estruturar a criatividade produtiva. Essa atividade se desenvolve através de jogos simbólicos e narrações, jogos de fantasias, dramatizações. A oficina de teatro possibilita a manifestação do imaginário, sua percepção e análise, além de estimular o desenvolvimento da sensibilidade e do colocar-se no lugar do outro, fatores indispensáveis à construção da relação mãe e filho, e de tratar de temas de grande relevância na vida da residente.*

*18. **Através de cursos profissionalizantes** oferecidos pela comunidade, as residentes buscam, com ajuda da equipe de reinserção e do educador de referência, sua capacitação profissional após pesquisar suas potencialidades e pretensões.*

de lá também e, assim, conhecer pessoas diferentes. Eu mesma fiz um curso de telefonista e recepcionista na UNIT (Universidade do Trabalhador). Ah, dentro da Lua Nova tem o Bufê Escola [19]. Através dele, eu aprendi a servir festas. Tive várias oportunidades de servir em casamentos, chás, jantares etc. fazendo então novas amizades. Muitos que não conhecem a Lua Nova acham que é uma casa fechada, mas pelo contrário, a casa é aberta, os portões estão sempre abertos [20] e também temos momentos para passeios e lazer [21]. O mais importante que vivi durante esse ano na Lua Nova e que me impressionou foi a questão da confiança. Foi o único lugar onde eu não senti que tivessem medo de mim ou dos meus atos. Isso me ajudou muito a me aproximar dos educadores e de mim mesma. A partir dessa confiança, também aprendi a confiar neles e a entender que eles estavam ali para me dar as mãos [22].

Foi no projeto Estrelas Coloridas [23] que eu aprendi mais sobre o meu filho, pois é um projeto voltado para a mãe e o filho. Lá, aprendemos a fazer massagens nas crianças, brincar com elas e a perceber as necessidades que elas têm, porque até então eu achava que criar um filho era só trocar fraldas, dar banho e comida. Na realidade, os filhos precisam de mais coisas e eu não sabia, como atenção, carinho, brincar, conversar e através desse projeto eu vim a perceber mais essa necessidade. Hoje, meu filho tem dois anos e a cada dia eu descubro e escuto coisas diferentes. A cada dia eu o amo mais, hoje meu maior medo é perdê-lo. A gente brinca muito e uma das coisas que ele mais gosta é jogar bola, e vejo que valeu a pena passar tudo o que eu passei e ouvir ele falar "Mamãe te amo".

Dentro do projeto Estrelas Coloridas, tem a Vídeo Transformação, onde brincamos com a nossa imagem [24]. Depois desse curso, eu aprendi a me ver mais, a me aceitar.

Durante esse ano, junto com a psicóloga Bárbara, minha educadora Solange e Ivana, a assistente social, discutimos muito sobre todas as possibilidades, desenhamos o meu "projeto de

***19. O Bufê Escola Lua Nova*** *foi criado como um espaço de formação profissional e qualificação para a preparação ao mercado de trabalho. Esse núcleo oferece profissionalização às jovens da população de baixa renda, além de abrir um espaço de colocação profissional e geração de renda para a população de mães e mulheres marginalizadas.*

***20. O espaço físico*** *da comunidade Lua Nova permite o desenvolvimento da percepção de liberdade de escolha e responsabilidade, pois a proposta educativa e terapêutica se estrutura a partir da concepção de que as jovens mulheres e seus filhos, ainda que excluídos do sistema de garantia de direitos, são portadores dos mesmos, têm conhecimento prévio sobre a realidade e a vida, com capacidade para pensar sobre ela e desenvolver autonomia. Além disso, essas jovens vivem um período com todas as características normais da adolescência e juventude, gostam de namorar, de passear etc.*

***21. Organiza-se no mínimo uma atividade de lazer*** *em grupo semanal, como jogos, competições, passeios, clubes, cinemas, teatros, piscina, entre outras. Diariamente, são organizadas atividades esportivas, como caminhada, futebol, vôlei etc.*

***22. É princípio básico do trabalho*** *o estabelecimento de vínculos de confiança. Acreditamos no potencial transformador da residente e acreditamos na sua motivação.*

***23. O Projeto Estrelas Coloridas*** *oferece oficinas culturais/terapêuticas em que mães e filhos tenham a possibilidade de se descobrir e de desenvolver uma interação que privilegie os aspectos lúdicos, de grande importância para o desenvolvimento infantil e para as mães, enquanto vivência prazerosa da maternidade, possibilitando a expressividade do brincar, do relacionar-se com o prazer, do construir uma relação baseada no respeito mútuo e no afeto. Além disso, são atividades que despertam motivação e potencial de criação e transformação de suas condições pessoais.*

***24. Vídeo-transformação*** *é uma metodologia que utiliza o vídeo como ferramenta de transformação social. Objetiva criar um espaço de auto-reflexão, que leve a um encontro e a uma confrontação com a própria imagem através do vídeo*

vida" [25], e finalmente chegou a hora da reinserção (saída) [26]. Fiquei muito assustada, com medo e chorava, pois para sair da Lua Nova era muito difícil, eu já havia criado vínculos. Imaginava que quando saísse da Lua Nova, eu fosse ficar sozinha, mas Ivana e Bárbara me mostraram que eu não iria ficar sozinha. Eu não acreditava nisso, tinha medo de não conseguir me virar sozinha com meu filho. Mas, alguns meses depois, eu aceitei a idéia e vi que o "bicho não tinha sete cabeças". Aluguei minha casa e hoje moro lá com meu filho João Paulo. Os móveis, consegui através de doações pelas amizades que fiz dentro e fora da Lua Nova. Estou há três meses fora, continuo trabalhando no Criando Arte, faço visitas à Lua Nova, participo dos Multiplicadores e do Bufê Escola [27].E, o melhor, ainda tenho a ajuda da minha psicóloga Marina.

No início, quando mudei para minha casa, foi muito difícil, pois por mais amigos que eu tivesse, me senti sozinha. Tentei me segurar ao máximo, mas acabei recaindo e usei drogas, esporadicamente, durante três semanas. O motivo eu não sei muito bem qual foi. Talvez tenha sido solidão, talvez tenha sido vontade mesmo. Logo depois, percebi o que tinha feito e resolvi procurar a ajuda da minha psicóloga. O retorno foi bom, ela me deu uma bronca, mas me compreendeu, sei que foi uma decepção. Ao mesmo tempo em que eu me decepcionei, eu decepcionei outras pessoas. Quando contei a ela, fiquei com medo de Raquel saber, pensei muito em falar com ela, mas talvez o medo de decepcioná-la fez com que eu não contasse, e sim que ela ficasse sabendo por outros. O dia em que eu decidi contar, ela já estava sabendo. Foi muito difícil, pois eu sabia que ela confiava em mim, mas talvez após isso ela não confiasse mais. Conversamos e me senti aliviada. A recaída de certa forma foi legal, porque me fez descobrir que eu sou humana, que tenho os momentos frágeis, mas que posso contar com a força da tia Raquel, da psicóloga e com minha própria força, o que é mais importante, porque para me reerguer eu tenho que querer.

Hoje eu estou firme e forte.

***25. O Projeto de Vida*** *deve acontecer em harmonia com a disponibilidade interna de cada mãe. Compreender, quando as dificuldades aparecem, que não se trata de falta de intenção ou de desejo de planejar seu projeto de vida, mas sim de impossibilidade interna, é a principal tarefa de quem se propõe, cotidianamente, a ajudar nessa construção. Observar, respeitar o tempo de cada jovem, rever propostas são instrumentos que mostram qual é o melhor caminho para cada uma das famílias.*

***26. Reinserção*** *- após o contrato de experiência de um mês e a confirmação da continuidade da residente no programa de atendimento oferecido pela Lua Nova, a equipe faz sua primeira intervenção: entrevista para identificação da residente, apresentação da equipe e levantamento dos dados para a elaboração do projeto de vida, mapeando os sonhos, projetos, competências e recursos e analisando as reais possibilidades da residente. Assim, a residente, com apoio da equipe, faz um planejamento que reúne as atividades necessárias durante o programa da Lua Nova para uma reinserção social efetiva e de forma bem estruturada.*

***27. A equipe é ainda responsável*** *pelo acompanhamento da situação social e psicológica das jovens já reinseridas e das jovens que interrompem a permanência na Lua Nova de maneira não planejada.*

# Lua Nova

## Atenção para mães e filhos

O Projeto Lua Nova visa oferecer às mães adolescentes em situação de risco (dependência de drogas e/ou prostituição) a possibilidade de viver com os filhos durante um processo terapêutico-social, criando, assim, alicerces para um futuro digno. É um trabalho curativo e preventivo que ao mesmo tempo contribui para o desenvolvimento da criança e oferece à mãe a possibilidade de viver a maternidade com responsabilidade nos seus aspectos positivos, prazerosos e sem riscos. A proposta visa valorizar o vínculo entre mãe e filho, possibilitando a inserção da criança no programa terapêutico, enriquecendo-o e aumentando a sua possibilidade de êxito. Jovens mães moradoras de rua e seus bebês têm em geral um futuro marcado pela impossibilidade de construir uma noção de cidadania. São pessoas sem estrutura familiar, social e econômica e, conseqüentemente, sem referências adultas saudáveis. Impossibilitadas de criar seus filhos ou obrigadas a deles se separar, essas mães em situação de risco social se sentem desvalorizadas e destituídas de um papel digno na sociedade. Para elas, a Associação Lua Nova elaborou uma proposta que busca principalmente resgatar a auto estima, o espaço social, a cidadania e o direito à maternidade com responsabilidade, possibilitando a vivência prazerosa do papel materno e a formação de crianças psiquicamente saudáveis.

### OBJETIVO

O objetivo da Lua Nova é a formação de famílias produtivas e auto-sustentáveis que não dependam de programas de governo para subsistência ou habitação. Com sua intervenção, a instituição pretende impedir a marginalização e a discriminação social dessa parcela da população, evitando a dolorosa e freqüente separação das mães adolescentes e seus filhos, assim como o envio das crianças para instituições como a Febem.

## METODOLOGIA

**1** Rede de recursos: a Lua Nova utiliza os recursos pessoais e institucionais já existentes na comunidade, viabilizando assim um maior intercâmbio de vivências e experiências e ao mesmo tempo possibilitano às residentes a utilização de recursos existentes.

**2** Co-participação no processo terapêutico: para garantir a qualidade das intervenções, a proposta exige uma postura participativa e construtiva das residentes, através do envolvimento em todos os processos de elaboração e manutenção do espaço e elaboração de planos para o futuro. Dessa forma, há mobilidade na metodologia, que leva em conta as diferenças individuais.

**3** Equipe técnica multidisciplinar e com recursos da comunidade.

**4** Profissionalização e geração de renda como valorização das capacidades e habilidades das mulheres, aumentando a auto-estima e orientando o seu percurso em busca da conquista da autonomia.

**5** Espaço de vivência comunitária, que oferece: psicoterapias individual e de grupo, centrada na relação mãe e bebê e de apoio para os familiares; acompanhamento por assistente social, acompanhamento pedagógico (para reeducação em todos os aspectos práticos da vida diária); momentos informativos (sobre contracepção, gravidez , maternidade etc.) e acompanhamento físico e lúdico.

**6** Atenção contínua à criança, com enfoque especial na socialização e no desenvolvimento físico, psíquico e social.

**7** Reinserção com a colaboração da rede de instituições por meio de parcerias e com o estímulo, desde o início do programa, da aproximação das residentes com os moradores dos arredores.

## ASPECTO INOVADOR

O aspecto inovador da ação da Lua Nova reside na assistência global à criança com base na sua relação com a mãe. O trabalho tem foco na dupla mãe e filho e propõe não a sua separação, mas os mantém juntos, oferecendo um suporte na relação e proporcionando a elaboração de projetos individuais na busca de uma inserção social efetiva. O objetivo final desse trabalho é oferecer às mães em situação de risco a possibilidade de viver com os próprios filhos. A escolha teórica e metodológica do projeto é baseada na observação e no estudo do desenvolvimento das relações estabelecidas por cada uma das adolescentes com seus filhos e na reelaboração dos estilos de vida e na profissionalização das mesmas e na inserção em ambiente de trabalho. Trata-se de uma nova perspectiva de trabalho no Brasil, pois oferece, além de novas formas de busca de prazer, a possibilidade de resgatar interiormente a identidade e a dignidade do indivíduo.

## PARTICIPAÇÃO DA COMUNIDADE

A comunidade participa ativamente das atividades da Associação. Devido a uma demanda emergente de trabalho no bairro, optou-se por utilizar no quadro de funcionários de Lua Nova pessoas da comunidade local. O programa Lua Nova Arredores, que oferece diversas atividades em conjunto com a comunidade, possibilita a participação das mulheres e adolescentes do bairro e permite a integração das residentes da Lua Nova com a população local. O programa inclui reuniões periódicas para discussão de questões sociais relativas à realidade do bairro, assim como para sensibilizar a população feminina para o exercício da cidadania e para criar condições para melhoria da qualidade de vida através do resgate da auto-estima e dos valores e da prática de tomada de decisões. A Casa das Crianças é um espaço lúdico que se mantém graças à parceria entre a Lua Nova e a comunidade local, com a participação de mães voluntárias da comunidade, que recebem capacitação técnica de psicólogos e educadores.

## AÇÕES

**Comunidade**
Oferece residência, alimentação, assistências médica, psicológica e educacional para mãe e filho.

**República Lua Crescente**
Espaço transitório entre a comunidade e a efetiva reinserção social das jovens mães, onde elas planejam seu futuro e dão os primeiros passos rumo a sua independência.

**Lua Nova - Arredores**
Trabalha pela melhoria da qualidade de vida das crianças que residem na Comunidade Lua Nova e em seus arredores. Integram esse programa uma Creche e o Projeto Criançada (atividades esportivas e culturais para as crianças).

**Criando Arte**
Produção artesanal das residentes da comunidade e da "república" que participam do desenvolvimento, execução e venda dos produtos.

## PROCESSO DE AVALIAÇÃO

A avaliação do impacto é realizada durante um período de dois anos, por meio do acompanhamento sistematizado das residentes que deixam a Lua Nova. Os indicadores qualitativos são: qualidade de vida das ex-residentes, relação com os filhos, autonomia, auto-sustentação, autoproteção, relação com a família, nível de satisfação com a nova vida, auto-regulação com relação ao uso de drogas e à prostituição, projeto de vida. Os Indicadores quantitativos são: número de adolescentes reinseridas, manutenção da reinserção, potencial de auto-sustentação, número de novas gestações, número de abortos, ocorrências com relação à lei (prisões) e ao uso de drogas. Instrumentos: visita de uma técnica à nova residência da ex-residente, entrevista com a ex-residente, questionário a ser respondido pelo empregador (no caso de a ex-residente estar empregada), contatos telefônicos com a família, no caso de a ex-residente ter voltado a morar com a família, encontro semestral das ex-residentes na Lua Nova.

## RESULTADOS

Desde a sua criação, a Lua Nova já atendeu 643 pessoas, sendo 312 crianças do programa Lua Nova-Arredores, e acolheu 61 mães e 70 crianças, das quais 28 já foram reinseridas. Com sua ação, a Lua Nova demonstrou que mães expostas a inúmeras situações de risco físico, psíquico e social são capazes de assumir suas responsabilidades maternas e seus direitos e deveres perante a sociedade, sem com isso colocar em risco a própria vida ou a vida de terceiros. Essas adolescentes que buscavam respostas nas drogas ou na prostituição, hoje trabalham, colaboram com outras instituições e conseguem planejar o futuro. Nas crianças, percebe-se a evolução favorável do desenvolvimento físico e emocional. Crianças portadoras de HIV ou vítimas de doenças que apresentavam dificuldades em estabelecer contatos sociais mais efetivos, conseguem hoje, após intenso trabalho de estimulação, estabelecer relações saudáveis. Com o surgimento da Lua Nova, foram criados 20 postos de trabalho, que são ocupados por integrantes da comunidade. Além disso, doenças diversas puderam ser diagnosticadas e tratadas.

## ARTICULAÇÃO

A Lua Nova atua em parceria com os conselhos tutelares de diversos municípios do estado de São Paulo, com projetos sociais como a Fundação Projeto Travessia, o Projeto Quixote e o Amparo Maternal (APAM) e com hospitais. Essas instituições acompanham as adolescentes durante todo o seu percurso, viabilizando recursos para que possam desenvolver seus projetos de reinserção.

## PARCERIAS

Os principais parceiros da Associação Lua Nova incluem a Cooperativa Villa Renata e a Associação Auser, de Veneza, Itália; o Projeto Quixote e a Pro-Reitoria de Administração (Proad) da Universidade Federal Paulista, a Ashoka Empreendedores Sociais, a Fundação Projeto Travessia, a Equipe de Redução de Danos da Secretaria de Saúde e a Secretaria do Trabalho do Município de Sorocaba e a Coordenação Nacional de DST/AIDS, do Ministério da Saúde.

associação

Lua Nova

| | |
|---|---|
| *Coordenação do projeto* | Carlo Signorini |
| *Design* | Sergio Almeida |
| *Colaboração* | Marina Nazaré |
| *Produção* | Maysa Mazzon |
| *Coordenação geral* | Raquel Barros |
| *Fotolito, impressão e acabamento* | imprensaoficial |

**Agradecimentos**

ASHOKA EMPREENDEDORES SOCIAIS

Associazione EXIT

Instituto Junia Rabello